사랑하는 하나님의 자녀

_____ 를(을) 축복하며

유아세례식 기념 사진을
붙여 주세요.

유아세례 다이어리

"유아세례에서 입교까지 채워 가는"

성경적 유아세례 부모교육 교재

초판발행 2025년 2월 5일

편 집 인 대한예수교장로회총회교육훈련처

총 무 전호영

주 소 03128 / 서울시 종로구 대학로3길 29(연지동, 총회창립100주년기념관 7층)

전 화 (02) 741-4356 / 팩스 741-3477

홈페이지 www.edupck.net

펴 낸 이 강성훈

펴 낸 곳 한국장로교출판사

주 소 03128 / 서울시 종로구 대학로3길 29(연지동, 총회창립100주년기념관 4층)

편 집 국 (02) 741-4381 / 팩스 741-7886

영 업 국 (031) 944-4340 / 팩스 944-2623

홈페이지 www.pckbook.co.kr

등 록 No. 1-84(1951. 8. 3.)

ISBN 978-89-398-4617-3

값 18,000원

※ 이 출판물은 저작권법에 의해 보호를 받는 저작물이므로 무단전재와 무단복제를 할 수 없습니다.

유아세례 다이어리

머리말

본 교단은 부모의 신앙(부모 중 한 명이 세례교인일 때)을 기반으로 하여 유아세례를 베풀고, 그들이 자라 13세가 되면 공적 신앙고백을 통해 입교교인으로 받아들인다. 따라서 자녀가 유아세례를 받게 하기로 결심한다는 것에는 자녀가 후에 스스로 신앙고백을 할 수 있도록 신앙으로 양육하겠다는 부모의 다짐이 담겨 있다. 최근 본 교단은 세례에 대한 헌법이 개정되는 과정에서 『아동세례문답집 : 나는 하나님의 자녀』와 『세례문답집』(개정판)을 발간하였고, 세례 교육 또한 재정비하여 아동세례를 위한 『이야기 아동세례교육』에 이어, 이번에 유아세례를 위한 『유아세례 다이어리』를 발간하기에 이르렀다.

본 교재의 목적은 부모가 유아세례의 의미를 이해하고, 자신의 신앙을 돌아보며, 유아기 자녀를 바르게 이해하여 신앙으로 양육할 수 있도록 돕고, 유아와 함께 기독교 가정을 세우도록 돕는 데 있다. 특히 본 교재는 유아세례자 부모가 세례 교육을 받는 동안 내용을 채워 가면서 자녀의 신앙 다이어리를 만들어 가도록 구성하였다.

『유아세례 다이어리』가 나오기까지 많은 분들의 헌신과 수고가 있었다. 본 교재에는 양금희 교수를 중심으로 김소현 목사, 고수은 전도사, 하세례 목사가 심혈을 기울인 연구와 헌신이 깃들어 있다. 특별히 안양제일교회(최원준 목사)가 연구비를 후원해 주셨다. 더불어 본 교재의 기획 및 진행에 함께해 주신 서가영 목사, 최지혜 목사, 그림을 그려 주신 고수은 전도사에게 감사를 드린다. 또한 총회 교육·훈련처 과장 김지연 목사, 한국장로교출판사 사장 강성훈 목사와 김효진 과장, 직원 여러분에게도 감사를 드린다.

2024년 12월 30일

대한예수교장로회총회 교육자원부

총무 전호영

유아세례자 부모님들께!

먼저 자녀가 유아세례를 받게 하기로 결단하고 유아세례 부모교육을 시작하신 여러분을 진심으로 환영하고 축복합니다.

본 교단(대한예수교장로회 통합)은 0~6세 사이의 유아들에게 부모의 신앙(부모 중 한 명이 세례교인일 때)을 기반으로 하여 유아세례를 베풀고, 그들이 자라 13세가 되면 공적 신앙고백을 통해 입교교인으로 받아들입니다. 따라서 유아세례자 부모들은 자녀가 자라서 스스로 신앙고백을 할 수 있도록 그들을 신앙으로 양육할 책임이 있습니다. 본 교단은 부모들이 그러한 책임을 잘 감당할 수 있도록 "성경적 유아세례 부모교육"프로그램과 교재를 개발하였습니다.

"성경적 유아세례 부모교육"은 4주 동안 이루어지는 교육과정으로, 유아세례자 부모가 반드시 알아야 할 네 가지 주제를 공부합니다. 첫째, "유아세례의 의미"를 정확히 알아 가며 교회가 자녀에게 베푸는 유아세례의 유익과 축복을 누립니다. 둘째, "유아세례자 부모"로서 스스로의 신앙을 돌아보고, 하나님 앞에 다시 한번 신앙고백을 올려 드립니다. 셋째, "유아를 성경적으로 이해"하고 신앙으로 양육할 수 있도록 도움과 도전을 받습니다. 넷째, 우리 가정의 주인이 하나님이심을 믿고 "자녀를 양육하는 영적 환경"으로서 기독교 가정을 이루어 가기로 결단합니다.

그러한 이 교재는 『성경적 유아세례 부모교육』의 학습자용 교재입니다. 따라서 이 『유아세례 다이어리』에는 유아세례 부모교육 과정에 필요한 활동 및 자료들이 수록되어 있습니다. 교육기간 동안 부모들은 이 책을 반드시 가지고 다니시면서, 수록된 과제와 자료들을 활용하여 자녀의 유아세례를 준비하시기 바랍니다.

뿐만 아니라 『유아세례 다이어리』는 유아세례 이후에도 유아세례를 지속적으로 기억할 수 있게 하는 교재입니다. 교재에 '유아세례 부모교육 수료증'과 '유아세례증서',

그리고 유아세례 때 받은 '축하 메시지 및 기념사진' 등을 보관할 수 있는 지면이 마련되어 있습니다. 부모님들은 이와 같은 페이지를 채우면서 이 책의 저자가 되어 주시기 바랍니다.

나아가 해마다 유아세례 받은 날이 돌아오면 이 책을 다시 열어 제2부에 있는 "유아세례에서 입교까지"(68쪽 이하)의 기록 페이지를 채워 가십시오. 지난 일 년을 돌아보면서 자녀의 성장과 여기까지 함께해 주신 하나님의 은혜를 기록하고, 그때마다 자녀의 사진과 기록을 남기며, 자녀와 함께 유아세례를 기억해 주십시오. 그렇게 이 다이어리는 유아세례 교육이 시작될 때부터 채워 나가 입교 때 완성할 수 있습니다.

유아세례자 부모님!
부디 세상에서 하나밖에 없는 여러분만의 아름답고 의미 있는 『유아세례 다이어리』를 만들며 하나님의 은혜를 기념하고, 자녀에게 신앙의 유산으로 선물하시기 바랍니다. 하나님께서 여러분의 걸음에 복 주시며 언제나 함께하실 것입니다.

2024년 12월 30일

집필진을 대표하여 양금희 교수 드림

 차 례

머리말 _ 2
서문 _ 4

제1부 성경적 유아세례 부모교육

1과. 유아세례는 하나님의 사랑이에요 _ 11
2과. 나는 유아세례자 부모예요 _ 23
3과. 신앙 안에서 양육해요 _ 35
4과. 하나님께서 우리 가정을 세우셨어요 _ 47

유아세례 부모교육 수료증 _ 57

제2부 유아세례를 기억하며

자녀 축복 기도문 _ 60
유아세례증서 _ 61
유아세례 기념사진 _ 62
유아세례 축하메시지 _ 64
믿음의 가훈 _ 66
유아세례에서 입교까지 _ 68
유아세례 · 입교 기억하고 기념하기 _ 70

부록 _ 83
유아세례 부모문답의 예

제1부

성경적 유아세례 부모교육

1과 유아세례는 하나님의 사랑이에요 _ 11

2과 나는 유아세례자 부모예요 _ 23

3과 신앙 안에서 양육해요 _ 35

4과 하나님께서 우리 가정을 세우셨어요 _ 47

유아세례 부모교육 수료증 _ 57

유아세례는 유아가 신앙을 고백하기 전에도

하나님께 사랑받는 자녀임을 인정하는 표시입니다.

하나님께서는 자녀가 세례를 받음으로써

그분의 은혜 안에 머물게 하십니다.

1과
유아세례는
하나님의 사랑이에요

읽기자료 ❶ "유아세례의 의미"

<1과 주제영상>

유아세례는 세 가지 핵심적 의미를 지닙니다.

첫째, 유아세례는 기독교 성례로서 하나님의 사랑을 표시합니다.

유아세례는 유아가 신앙을 고백하기 전에도 하나님께 사랑받는 자녀임을 인정하는 표시입니다. 하나님께서는 자녀가 세례를 받음으로써 그분의 은혜 안에 머물게 하십니다. 따라서 부모는 자녀에게 유아세례를 받게 하여 하나님의 사랑과 은혜 안에 있도록 해야 합니다.

둘째, 유아세례는 죽으시고 다시 사신 예수 그리스도와의 연합을 상징합니다.

세례는 우리가 예수 그리스도와 함께 죽었다가 다시 사는 것을 의미하며, 예수 그리스도와의 연합을 상징합니다. 그러므로 유아세례도 유아와 그리스도의 연합을 상징하는 표시가 됩니다. 부모는 유아세례를 통해 자녀가 자신의 소유가 아니라 그리스도와 연합한 새로운 피조물임을 인정하고, 하나님께서 자녀의 인생을 인도하시기를 기도해야 합니다.

셋째, 유아세례는 하나님의 백성이 되었음을 뜻합니다.

세례로 인해 모든 신앙인들은 하나님 나라의 백성이 되고, 그리스도의 몸에 접붙임을 받아 그분의 몸 된 교회의 한 부분이 됩니다. 유아세례도 이와 마찬가지로 자녀가 하나님 나라의 백성이 되게 하며, 그리스도의 몸 된 교회의 한 부분이 되게 합니다. 따라서 부모는 자녀가 이제 우리 가족의 일원일 뿐만 아니라, 더 큰 신앙공동체인 교회의 일원으로, 그리고 하나님 나라의 백성으로도 잘 성장할 수 있도록 도와야 합니다.

유아세례는 부모의 신앙을 기반으로 하여, 앞으로 자녀가 스스로 하게 될 신앙 고백을 전제로 하여 베푸는 세례입니다. 따라서 자녀가 유아세례를 받는 것에 그치는 것이 아니라 성장하면서 스스로 신앙고백을 할 수 있도록 하나님의 도움에 의지하고, 교회와 협력하여 자녀를 신앙으로 양육해야 합니다.

🐟 자기 소개하기

오늘은 유아세례 부모교육의 첫 번째 시간입니다. 먼저 자기 소개 시간을 갖겠습니다. 이름, 가족사항, 유아세례를 받게 될 자녀의 소개, 그리고 유아세례를 받게 하려는 이유와 바람 등에 대해 함께 나누어 봅니다.

· ·

· ·

 주제 탐색하기

오늘은 우리가 자녀에게 유아세례를 받게 하기에 앞서 '유아세례의 의미'가 무엇인지 살펴볼 것입니다. 이를 통해 우리 자녀가 유아세례로 인해 함께 받게 되는 복이 무엇인지, 그리고 유아세례자 부모인 우리는 어떠한 마음가짐을 가져야 하는지 생각해 보려 합니다.

과제로 보았던 주제영상과 읽기자료(12-13쪽)를 참고하여 다음에 답해 보세요.

1) 유아세례에는 어떤 의미가 있다고 하였나요?

....

....

....

2) 유아세례의 세 가지 의미가 부모인 우리와 자녀에게 주는 의미에 대해 생각해 보세요.

....

....

 말씀 탐색하기

유아세례의 의미를 더 깊이 새기기 위해 관련된 성경 이야기를 함께 탐색해 봅니다.

1) 성경 읽기

먼저 성경을 두 번 읽으면서 이야기 전개를 따라가 보고, 내용을 정확히 파악해 봅니다.

본문말씀(마가복음 10:13-16)

¹³ 사람들이 예수께서 만져 주심을 바라고 어린 아이들을 데리고 오매 제자들이 꾸짖거늘

¹⁴ 예수께서 보시고 노하시어 이르시되 어린 아이들이 내게 오는 것을 용납하고 금하지 말라 하나님의 나라가 이런 자의 것이니라

¹⁵ 내가 진실로 너희에게 이르노니 누구든지 하나님의 나라를 어린 아이와 같이 받들지 않는 자는 결단코 그 곳에 들어가지 못하리라 하시고

¹⁶ 그 어린 아이들을 안고 그들 위에 안수하시고 축복하시니라

2) 이야기 속으로 들어가기

눈을 감고 본문의 상황과 전개를 상상해 보면서 이야기 속으로 들어가 봅니다.

- 먼저 자신의 어린 아이들을 데리고 오는 사람들을 보겠습니다.
- 이번에는 그들이 향하고 있는 곳, 예수님과 제자들이 함께 있는 곳을 바라보겠습니다. 갑자기 제자들이 그들을 보고 꾸짖는 상황을 상상해 봅니다.
- 이번에는 제자들을 향하여 노하시는 예수님을 상상해 봅니다.
- 예수님이 하신 말씀은 무엇입니까?
- 마지막으로 예수님이 어린 아이들에게 하신 일, 즉 안으시고, 그들 위에 안수하시고, 축복하시는 장면을 상상해 봅니다.

3) 깊이 생각하기

❶ 사람들은 왜 어린 아이를 예수님이 만져 주시기를 바랐을까요? 16절과 연결하여 부모의 마음을 생각해 보세요.

....

....

❷ 어린 아이를 데리고 오는 사람들을 꾸짖었던 제자들(13절)과 그런 제자들에게 노하신 예수님(14절)은 어린 아이에 대해 어떤 생각의 차이를 가지고 있었을까요?

....

....

❸ "하나님의 나라가 이런 자의 것이니라"라는 예수님의 말씀 중, "이런 자"는 무엇을 의미할까요?(14-15절)

....

....

❹ 예수님은 "하나님의 나라를 어린 아이와 같이 받들지(받아들이지, 눅 18 : 17) 않는 자"는 그곳에 들어가지 못하리라고 말씀하셨는데, '어린 아이와 같이 받아들인다'는 것은 무슨 뜻일까요?

....

....

❺ 예수님이 어린 아이들을 안고, 안수하시며, 축복하실 수 있도록 가장 결정적인 역할을 한 사람은 누구인가요?

....

....

 ## 주제 내면화하기 : 유아세례와 연결하기

본문으로부터 고백할 수 있는 유아세례의 의미를 함께 나누어 보세요.

 ## 주제 활동하기 : 유아세례의 의미 정리하기

"유아세례의 의미"와 성경 이야기를 기반으로 하여, 자녀에게 유아세례를 받게 하려는 이유를 간단하게 자신의 언어로 정리해 보세요.

나는 왜 나의 자녀에게 유아세례를 받게 하려 하는가?

유아세례 부모문답 읽기

인도자가 질문을 읽으면, 여러분은 답을 읽습니다. 두 번 반복합니다.

유아세례 관련 문항

1. 자녀에게 예수 그리스도의 피로 인한 죄 씻음과 구원의 은혜가 반드시 필요하다는 것을 인정합니까?
   답: 네. 인정합니다.

2. 자녀가 세례를 받게 된 것은 하나님께서 먼저 이 아이를 은혜의 언약으로 부르셨기 때문이라고 믿습니까?
   답: 네. 믿습니다.

3. 자녀가 세례를 통해 하나님의 언약 백성이 된다는 것을 믿습니까?
   답: 네. 믿습니다.

기도하기

다음의 기도제목을 가지고 함께 한목소리로 기도합니다.

> 첫째, 자녀의 유아세례를 위해 부모로서 먼저 굳건한 신앙을 가지길 기도합니다.
>
> 둘째, 유아세례를 계기로 온전히 예수님만 의지하며 자녀를 양육하는 부모가 되기를 기도합니다.

다음주 과제

1) 2과의 주제영상을 두 번 이상 보고, 읽기자료 ②를 읽어 봅니다(24-25쪽).

2) 자신이 받았던 세례(혹은 '입교')를 기억해 봅니다. 세례를 받게 된 계기, 그날의 장면 등에 대해 떠올리며 기억에 남는 것을 적어 봅니다.

....

....

....

유아세례는 부모의 신앙을 기반으로 하여 베푸는 세례입니다.

따라서 자녀에게 유아세례를 받게 하기 전에,

부모는 먼저 자신의 신앙을 돌아보아야 합니다.

2과

나는 유아세례자 부모예요

읽기자료 ❷ "나는 유아세례자 부모입니다"

<2과 주제영상>

유아세례는 부모의 신앙을 기반으로 하여 베푸는 세례입니다. 따라서 자녀에게 유아세례를 받게 하기 전에, 부모는 먼저 자신의 신앙을 돌아보아야 합니다.

첫째, 유아세례자 부모는 먼저, 자신이 예수 그리스도를 구주로 '고백'하는 하나님의 자녀인지를 돌아보아야 합니다.

세례는 예수 그리스도를 구주로 고백하는 사람들에게 베풀어지는 교회의 예식입니다. 그러나 유아세례의 경우, 유아가 스스로 신앙을 고백하기 어렵기 때문에 부모의 신앙고백을 기초로 하여 베풀어집니다. 따라서 자녀의 유아세례에 앞서 부모는 자신이 세례를 받았을 때의 신앙고백을 다시 기억하며, 부모 자신이 예수님을 구주로 고백하는 '하나님의 자녀'요, '하나님 나라의 백성'이라는 정체성을 가지고 있는지를 돌아보아야 합니다.

둘째, 유아세례자 부모는 자신이 하나님과 '친밀한 관계' 안에 있는지를 돌아보아야 합니다.

자녀는 부모와 인격적이고 친밀한 관계 안에서 살아갑니다. 부모와 자녀가 사랑의 관계 안에서 함께 살아가는 것처럼, 우리도 하나님과 인격적이고 친밀한 관계 안에서 살아야 합니다. 하나님과 친밀한 관계 안에 있다는 것은, 우리가 "예배"를 통해 하나님을 만나고, "하나님의 말씀"을 읽어 그분의 깊은 뜻을 발견하며, "기도"를 통해 하나님과 대화하는 것입니다.

셋째, 유아세례자 부모는 '삶'으로 자녀의 신앙을 돌보아야 합니다.

하나님과 인격적이고 친밀한 관계 안에 있어 하나님의 다스림과 통치가 이루어지면, 우리 삶은 하나님 나라 백성의 삶이 됩니다. 유아세례자 부모는 바로 이런 하나님 나라 백성다운 삶으로 자녀의 신앙을 돌보는 부모가 되어야 합니다. 신앙은 지식으로 가르치는 것이 아니라 삶으로 가르치는 것입니다. 부모는 자녀와 삶을 공유하는 인생 최초의 교사로서 삶과 존재 자체로 자녀에게 영향을 미칩니다. 자녀에게 유아세례를 받게 하기로 결심한다는 것은 자신의 삶으로 자녀의 신앙을 돌보겠다는 다짐과 같습니다.

🐟 나에게 '부모'란?

오늘은 유아세례 부모교육의 두 번째 시간입니다. 주제 탐색으로 들어가기 전, 아래의 질문에 대해 간단히 나누는 시간을 가집니다. '부모' 하면 떠오르는 것이 있나요? 단어로 표현해 보세요. *예) "부모란? 나무이다."*

 주제 탐색하기

오늘은 자녀의 유아세례에 앞서, 부모인 우리 자신을 돌아보는 시간을 갖습니다. 과제로 보았던 주제영상과 읽기자료(24-25쪽)를 참고하여 다음에 답해 보세요.

1) 아래 고백은 우리가 세례를 받을 때 했던 신앙고백입니다. 지금도 이렇게 신앙을 고백하고 있는지 나누어 보세요.

> 예수 그리스도께서 하나님의 아들이심을 믿습니다.
> 나는 죄인이며, 예수님은 나의 구주가 되심을 믿습니다.
> 나를 구원하실 분은 오직 예수님뿐임을 믿고 의지합니다.

2) 나는 하나님과의 친밀한 관계를 잘 유지하고 있나요? 자신을 돌아보고 나누어 보세요.

……………………………………………………………………………………………

……………………………………………………………………………………………

3) 우리가 '삶으로 자녀의 신앙을 양육하는 부모'임을 기억할 때, 가장 힘들고 어렵게 다가오는 것은 무엇인지 나누어 보세요.

……………………………………………………………………………………………

……………………………………………………………………………………………

 말씀 탐색하기

'유아세례자 부모'의 의미를 더 깊이 새기기 위해, 다음의 성경 말씀을 함께 탐색해 봅니다.

1) 성경 읽기

먼저 성경을 두 번 천천히 읽으면서 단어의 뜻과 문장의 내용을 정확히 파악해 봅니다.

> **본문말씀(신명기 6 : 4-9)**
>
> 4 이스라엘아 들으라 우리 하나님 여호와는 오직 유일한 여호와이시니
> 5 너는 마음을 다하고 뜻을 다하고 힘을 다하여 네 하나님 여호와를 사랑하라
> 6 오늘 내가 네게 명하는 이 말씀을 너는 마음에 새기고
> 7 네 자녀에게 부지런히 가르치며 집에 앉았을 때에든지 길을 갈 때에든지 누워 있을 때에든지 일어날 때에든지 이 말씀을 강론할 것이며
> 8 너는 또 그것을 네 손목에 매어 기호를 삼으며 네 미간에 붙여 표로 삼고
> 9 또 네 집 문설주와 바깥 문에 기록할지니라

2) 이야기 속으로 들어가기

본문을 다시 한번 천천히 읽으면서 마음에 와닿는 단어를 찾아보고 그 이유를 나누어 보세요.

....

....

3) 깊이 생각하기

❶ '우리 하나님 여호와는 오직 유일한 여호와이시니'(4절)라는 말씀은 무엇을 의미할까요?

　　………………………………………………………………………………………………
　　………………………………………………………………………………………………

❷ '마음을 다하고 뜻을 다하고 힘을 다하여' 하나님을 사랑하라는(5절) 말씀은 어떻게 사랑하라는 의미일까요?

　　………………………………………………………………………………………………
　　………………………………………………………………………………………………

❸ 이 '쉐마'의 말씀(4-5절)은 이스라엘의 자녀교육 명령입니다. 여기에서 부모가 자녀에게 가르치기 전에 먼저 새겨야 하는 것은 무엇인가요? 그 이유도 생각해 보세요.

　　………………………………………………………………………………………………
　　………………………………………………………………………………………………

❹ 자녀에게 말씀을 부지런히 가르치며, '집에 앉았을 때에든지 길을 갈 때에든지 누워 있을 때에든지 일어날 때에든지 이 말씀을 강론하라'(7절)고 하신 말씀은 어떻게 가르치라는 것일까요?

....

....

❺ '여호와를 사랑하라'는 말씀을 '손목에 매고, 미간에 붙이고, 문설주와 바깥 문에 기록하라'(8-9절)는 명령은 어떻게 가르치라는 것일까요?

....

....

테필린)

메주자)

 주제 내면화하기

'쉐마'의 말씀이 우리에게 주는 핵심적 교훈은 무엇인가요? 가장 마음에 와닿은 내용을 나누어 보세요.

· ·

주제 활동하기 : 친밀한 관계 유지하기

나의 신앙을 돌아보며 나는 하나님과 어떤 관계인지 생각해 봅니다. 그리고 자녀를 가르치기 전에 부모인 내가 하나님과 친밀한 관계를 유지하기 위해 어떻게 해야 할지 세 가지 방법을 적어 보세요.

하나님과 친밀해지기 위한 방법

① ·
② ·
③ ·

유아세례 부모문답 읽기

인도자가 질문을 하면, 여러분은 답을 읽습니다. 두 번 반복합니다.

부모의 신앙 관련 문항

1. 성부 하나님은 세상을 창조하신 분이며, 성자 하나님은 우리를 구원하신 분이고, 성령 하나님은 우리와 함께하시고 도우시는 분임을 믿습니까?
   답: 네. 믿습니다.

2. 우리 죄를 대신해 십자가에서 죽으시고 부활하신 예수 그리스도를 유일한 구주로 고백합니까?
   답: 네. 고백합니다.

3. 여러분은 악한 사탄의 권세와 유혹을 거부합니까?
   답: 네. 거부합니다.

기도하기

다음의 기도제목을 가지고 함께 한목소리로 기도합니다.

> 첫째, 내가 먼저 마음과 뜻과 힘을 다해 하나님을 사랑하는 부모가 되기를 기도합니다.
> 둘째, 성령님의 도우심을 구하며 삶 속에서 구체적인 방법으로
> 하나님을 사랑하는 부모가 되기를 기도합니다.

다음주 과제

1) 3과의 주제영상을 두 번 이상 보고, 읽기자료 ③을 읽어 봅니다(36-37쪽).

2) '거울 보고 나에게 말하기' 미션을 합니다.

한 주간, 아침마다 거울을 보며 아래와 같이 자신에게 말해 주세요.

> "나는 유아세례자 부모입니다."

우리 자녀도 하나님의 형상으로 지음 받은 영적 존재이며,

그들도 하나님으로부터 참 생명과 참 사랑을 공급받으며 살아가야 합니다.

유아는 아직 어릴지라도 하나님을 경험할 수 있고,

예배할 수 있으며, 하나님과 관계를 맺을 수 있습니다.

3과
신앙 안에서 양육해요

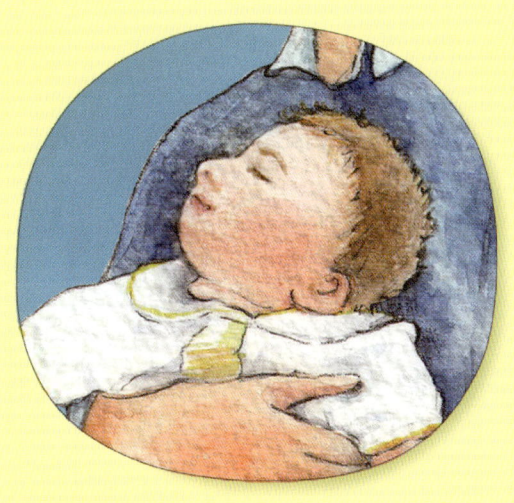

읽기자료 ❸ "유아 이해하기와 신앙으로 양육하기"

<3과 주제영상>

첫째, 자녀는 '하나님께 지음 받은 영적 존재'입니다.

하나님께서는 '흙으로 사람을' 지으시고, 그 코에 '생기'를 불어넣어 생령이 되게 하셨습니다. 이렇듯 인간은 '하나님의 숨'이 불어넣어진 영적 존재이며, 지속적으로 하나님을 만나면서 영적인 호흡을 유지해야만 하는 존재입니다. 마찬가지로 우리 자녀도 하나님의 형상으로 지음 받은 영적 존재이며, 그들도 하나님으로부터 참 생명과 참 사랑을 공급받으며 살아가야 합니다.

둘째, 유아는 '하나님의 이름'을 부르고, '하나님과 관계'를 맺을 수 있습니다.

유아는 아직 어릴지라도 하나님을 경험할 수 있고, 예배할 수 있으며, 하나님과 관계를 맺을 수 있습니다. 물론, 혼자서 하나님과 예수님을 저절로 알게 되는 것은 아닙니다. 가정에서 부모와 함께 '하나님', '예수님'의 이름을 부르며, 예배하고 기도할 때 하나님과 관계를 맺을 수 있습니다. 부모는 자녀가 하나님과 관계를 맺을 수 있는 영적 존재임을 잊지 말고, 계속해서 영적인 양분을 주어 잘 자라도록 해야 합니다.

셋째, 유아는 '체험과 감각적 경험'을 통해 하나님을 만납니다.

유아는 언어나 지식 중심의 가르침보다 체험과 감각적 경험을 통해서 배웁니다. 따라서 유아의 특성에 맞는 신앙교육의 방향이 필요합니다. 유아가 하나님을 경험하는 데는 '성경 이야기'가 매우 중요한 통로입니다. 성경 이야기는 유아에게 상상력을 불러일으켜 하나님을 구체적으로 경험할 수 있게 하기 때문입니다. '예배' 또한 유아가 하나님을 만나는 핵심적 통로입니다. 유아는 성령님이 임재하시는 예배 가운데서 하나님의 이름을 부르며, 기도와 찬양을 통해 하나님이 계시다는 것을 온몸으로 느끼기 때문입니다.

가정예배 역시 같은 이유로 매우 중요합니다. 온 가족이 함께 예배를 드릴 때 자녀는 일상에 하나님이 계시다는 것과 그분을 만날 수 있다는 것을 배우게 됩니다.

자녀 양육 돌아보기

오늘은 유아세례 부모교육의 세 번째 시간입니다. 주제 탐색으로 들어가기 전, 아래 질문에 대해 간단히 나누는 시간을 가집니다.

현재 자녀를 키우면서 가장 집중하고 있는 것은 무엇인가요? '자녀 양육 체크리스트'에 제시된 여러 가지 영역 중 두세 가지 정도 체크하고 돌아가며 나누어 보세요.

주제 탐색하기

　오늘은 유아세례를 준비하는 부모가 유아기 자녀를 어떻게 이해해야 하는지, 그리고 신앙으로 양육하기 위해 어떤 역할을 해 주어야 하는지 함께 살펴보려고 합니다. 이를 통해 자녀를 하나님의 관점에서 바르게 이해하고, 자녀의 균형 있는 성장을 위해 부모인 우리가 할 수 있는 일들이 무엇인지 함께 나누는 시간입니다.

　과제로 보았던 주제영상과 읽기자료(36-37쪽)를 참고하여 다음에 답해 보세요.

1) 자녀가 '영적 존재'라는 말을 들었을 때, 어떤 생각이 들었나요?

　　　…………………………………………………………………………………
　　　…………………………………………………………………………………
　　　…………………………………………………………………………………

2) 자녀가 '엄마', '아빠'라고 부를 수 있나요? 어떻게 부를 수 있게 되었나요?

　　　…………………………………………………………………………………
　　　…………………………………………………………………………………

3) 자녀의 신앙(하나님과 관계 맺기)을 위해 부모인 내가 할 수 있는 일은 무엇이 있을까요?

....

....

....

말씀 탐색하기

자녀 이해와 신앙 양육에 대해서 더 깊이 이해하기 위해 관련된 성경 말씀을 함께 탐색해 봅니다.

1) 성경 읽기

성경을 두 번 읽으면서 내용을 정확히 파악해 보도록 합니다.

> **본문말씀(누가복음 2 : 40, 52)**
> 40 아기가 자라며 강하여지고 지혜가 충만하며 하나님의 은혜가 그의 위에 있더라
> 52 예수는 지혜와 키가 자라가며 하나님과 사람에게 더욱 사랑스러워 가시더라

2) 이야기 속으로 들어가기

이 본문은 예수님의 어린 시절에 대한 말씀입니다. 예수님이 어떻게 성장하셨는지를 보고, 그것에 비추어서 우리 자녀는 어떻게 성장하면 좋을지 생각해 보세요.

....

....

3) 깊이 생각하기

❶ 예수님이 자라면서 일어난 세 가지의 변화(성장)는 무엇인가요?(40절)

....

....

....

❷ 어린 예수님이 누구에게 사랑스러워 갔다고 하였나요?(52절)

....

....

 주제 내면화하기

주제 말씀 속에 자녀의 이름을 넣어, 자녀를 축복하며 읽어 보세요. 그리고 내 자녀를 위한 축복의 말을 적어 나누어 보세요.

"_____(이)가 자라며 강하여지고 지혜가 충만하며 하나님의 은혜가 _____(이)의 위에 있더라."

"_____(이)는 지혜와 키가 자라가며 하나님과 사람에게 더욱 사랑스러워 가더라."

 주제 활동하기 1 : 균형 있게 양육하기

도입에서 했던 '자녀 양육 체크리스트' 활동을 다시 떠올려 보면서, '내가 자녀를 키우면서 가장 집중했던 것들'은 '예수님의 세 가지 성장'에서 어느 측면에 해당하는지 동그라미에 써 보세요. 그리고 균형 있는 자녀 양육을 위해 추가해야 할 활동이 있다면 적어 보세요.

 ## 주제 활동하기 2 : 미래의 자녀를 상상해 보기

성장의 세 가지 측면이 균형 있게 잘 자란 열세 살 소녀·소년이 된 자녀의 모습을 상상해 봅시다. 내 자녀는 어떤 모습일까요? 간단한 그림이나 상징, 글 등으로 자유롭게 표현해 보세요.

 유아세례 부모문답 읽기

인도자가 질문을 하면, 여러분은 답을 읽습니다. 두 번 반복합니다.

자녀 양육 관련 문항

1. 자녀는 나의 소유가 아님을 인정하고, 하나님을 대리하여 또한 하나님의 도움에 의지하여, 자녀 스스로 예수를 구주로 믿고 고백할 때까지 신앙으로 양육할 것을 약속합니까?
   답: 네. 약속합니다.

2. 자녀를 위해, 그리고 자녀와 함께 기도하겠습니까?
   답: 네. 기도하겠습니다.

3. 자녀와 함께 성경을 읽고, 성경으로부터 배우겠습니까?
   답: 네. 배우겠습니다.

4. 자녀에게 경건한 삶을 통해 본을 보이는 부모가 되도록 애쓰겠습니까?
   답: 네. 애쓰겠습니다.

 기도하기

다음의 기도제목을 가지고 함께 한목소리로 (혹은 침묵으로) 기도합니다.

> 첫째, 자녀가 예수님처럼 신체적으로 건강한 아이로 자라기를 기도합니다.
> 둘째, 자녀가 예수님처럼 지혜로운 아이로 자라기를 기도합니다.
> 셋째, 자녀가 예수님처럼 하나님의 은혜 가운데서 성장하고,
> 하나님과 사람에게 사랑스러운 아이로 자라기를 기도합니다.

다음주 과제

1) 4과의 주제영상을 두 번 이상 보고, 읽기자료 ④를 읽어 봅니다(48-49쪽).

2) 다음주에는 '믿음의 가훈' 액자 만들기 활동이 있습니다. 가족들과 상의하여 '믿음의 가훈'을 미리 정하며, 생각한 과정과 그 의미를 기록합니다(66-67쪽).

자녀를 하나님 나라의 백성으로 양육하기 위해서는
'가정'에서 하나님 나라를 경험하도록 해야 합니다.
하나님 나라는 하나님 아버지께서 친히 다스리시는 곳이며,
성령 안에서 누리는 의와 평강과 희락이 있는 곳입니다(롬 14 : 17).

4과

하나님께서 우리 가정을 세우셨어요

읽기자료 ④ "하나님께서 세우신 우리 가정"

<4과 주제영상>

첫째, 가정은 '하나님께서 세우신 공동체'입니다.

아담과 하와 두 사람의 만남처럼 우리 가정을 이루는 과정에도 하나님의 특별한 인도하심과 의미가 있었습니다(창 2:24-25). 하나는 '부모로부터의 떠남'입니다. 가정은 남녀 두 사람이 부모로부터 독립하여 이룬 새로운 공동체입니다. 또한 가정은 '한 몸을 이루는 공동체'로서 서로에 대한 사랑과 신뢰와 헌신을 바탕으로 몸과 마음이 하나 되는 공동체입니다. 그리고 가정은 '벌거벗었으나 부끄러워하지 않는 곳'으로서 연약하고 부족한 모습 그대로 용납하고 사랑받을 수 있는 곳입니다. 이처럼 하나님의 인도하심에 따라 세워진 가정은 자녀를 하나님의 백성으로 양육할 수 있는 기초가 됩니다.

둘째, 가정은 '하나님 나라를 경험하는 곳'입니다.

자녀를 하나님 나라의 백성으로 양육하기 위해서는 '가정'에서 하나님 나라를 경험하도록 해야 합니다. 하나님 나라는 하나님 아버지께서 친히 다스리시는 곳이며, 성령 안에서 누리는 의와 평강과 희락이 있는 곳입니다(롬 14 : 17). 물론 가정에는 여전히 갈등과 다툼 등 많은 문제가 있습니다. 하지만 실패하고 넘어지더라도, 하나님께서 다스리시면 우리 가정은 하나님 나라가 될 수 있습니다. 우리는 하나님을 가정의 중심에 모시도록 항상 노력해야 합니다.

셋째, 가정은 자녀의 신앙을 형성하는 '영적인 교육의 장'입니다.

하나님께서는 자녀 신앙교육의 우선적인 책임과 권위를 부모에게 맡기셨고, 그 장은 가정이라고 말씀하십니다(신 6 : 4-9). 가정 안에서의 모든 신앙생활과 분위기 자체가 자녀의 신앙을 형성하는 '영적인 교육 환경'입니다. 따라서 집을 아름답게 꾸미듯이, 가정의 영적 환경 또한 잘 일구어야 합니다. 가정에서 이루어지는 말씀, 기도, 찬양, 가정예배, 절기 의식, 복음 전파, 이웃사랑과 같은 신앙의 실천은 자녀의 신앙형성을 위한 기본적인 교육요소입니다. 우리 가정이 하나님께서 다스리시는 하나님 나라가 되고, 자녀를 그리스도인으로 양육하는 산실이 될 수 있도록 부모로서 영적 교육의 장을 일구어 가야 하겠습니다.

🐟 내가 꿈꾸었던 가정은?

오늘은 유아세례 부모교육의 네 번째 시간입니다. 오늘의 주제는 '가정'입니다. 결혼 전에 자신이 꿈꾸었던 가정의 모습에 대해 생각해 본 후 적어 보세요. 그리고 그 이유를 간단히 나누어 보세요.

....

....

....

🍷 주제 탐색하기

오늘은 기독교 가정의 의미를 살펴보고, 현재 우리 가정을 돌아보며, 앞으로 어떻게 하면 자녀를 신앙으로 양육할 수 있는 영적인 교육 환경으로 만들어 갈 수 있을지 생각해 보는 시간입니다.

과제로 보았던 주제영상과 읽기자료(48-49쪽)를 참고하여 다음에 답해 보세요.

1) '하나님께서 세우신 공동체'인 가정의 세 가지 의미는 무엇인가요?

   ....
   ....
   ....

2) 우리 가정의 모습은 어떠한지 돌아보며, 우리 가정이 하나님 나라가 되기 위해서는 어떻게 해야 할지 나누어 보세요.

   ....
   ....
   ....

3) 가정은 자녀의 신앙을 형성하는 '영적인 교육의 장'이라고 할 때, 우리 가정에 가장 좋은 '교육 환경'을 만들기 위해서는 무엇을 해야 할지 나누어 보세요.

   ....
   ....
   ....

말씀 탐색하기

말씀을 통해 자녀의 신앙 형성에 '가정이 가지는 교육적 의미'를 더 깊이 탐색해 봅니다.

1) 성경 읽기

먼저 성경을 두 번 읽으면서, 기독교 가정의 의미와 교육적 역할, 그리고 교육방법을 생각해 봅니다.

> **본문말씀(출애굽기 12 : 21-28)**
>
> 21 모세가 이스라엘 모든 장로를 불러서 그들에게 이르되 너희는 나가서 너희의 가족대로 어린 양을 택하여 유월절 양으로 잡고
>
> 22 우슬초 묶음을 가져다가 그릇에 담은 피에 적셔서 그 피를 문 인방과 좌우 설주에 뿌리고 아침까지 한 사람도 자기 집 문 밖에 나가지 말라
>
> 23 여호와께서 애굽 사람들에게 재앙을 내리려고 지나가실 때에 문 인방과 좌우 문설주의 피를 보시면 여호와께서 그 문을 넘으시고 멸하는 자에게 너희 집에 들어가서 너희를 치지 못하게 하실 것임이라
>
> 24 너희는 이 일을 규례로 삼아 너희와 너희 자손이 영원히 지킬 것이니
>
> 25 너희는 여호와께서 허락하신 대로 너희에게 주시는 땅에 이를 때에 이 예식을 지킬 것이라

²⁶ 이 후에 너희의 자녀가 묻기를 이 예식이 무슨 뜻이냐 하거든

²⁷ 너희는 이르기를 이는 여호와의 유월절 제사라 여호와께서 애굽 사람에게 재앙을 내리실 때에 애굽에 있는 이스라엘 자손의 집을 넘으사 우리의 집을 구원하셨느니라 하라 하매 백성이 머리 숙여 경배하니라

²⁸ 이스라엘 자손이 물러가서 그대로 행하되 여호와께서 모세와 아론에게 명령하신 대로 행하니라

2) 이야기 속으로 들어가기

본문 말씀은 하나님께서 마지막 열 번째 재앙으로부터 이스라엘 백성을 보호하시고, 출애굽을 통해 구원하겠다는 약속을 성취하시는 과정에서, 이스라엘 백성이 지켜야 할 예식에 관한 내용입니다. 하나님께서는 매년 유월절 예식을 지킴으로 하나님의 구원을 기억하며 자녀에게 가르칠 것을 모세를 통해 말씀하셨습니다. 이스라엘 백성들은 이 예식을 어떻게 지켰는지 말해 보세요.

....

....

3) 깊이 생각하기

❶ 유월절 어린 양을 어떻게 택하라고 했나요?(21절)

....

❷ 오늘 본문에서 자녀와 부모는 무엇에 대해 묻고 답하고 있나요?

....

 주제 내면화하기

　　이스라엘 백성의 신앙교육 방법을 보고 느낀 점은 무엇인가요? 여러분의 가정에서 어떻게 실천할 수 있을지 생각해 보고, 나누어 보세요.

....
....

 주제 활동하기 : '믿음의 가훈' 액자 만들기

기독교 가정의 가훈은 온 가족이 추구하는 신앙과 삶의 방향성을 보여 줍니다. 부모의 신앙고백이 담긴 '믿음의 가훈' 액자를 만들어 보세요.

1) 지난주에 정한 '믿음의 가훈'과 그 의미를 서로 나눕니다.

2) 준비된 재료로 '믿음의 가훈' 액자를 만듭니다.

유아세례 부모문답 읽기

매주 읽었던 유아세례 부모문답 전체(83-87쪽)를 함께 읽습니다. 인도자가 질문을 하면, 여러분은 답을 읽습니다.

 기도하기

다음의 기도제목을 가지고 함께 한목소리로 (혹은 침묵으로) 기도합니다.

> 첫째, 우리 부부를 만나게 하시고, 우리 가정을 세워 주시고, 자녀를 주심에 감사합니다.
> 둘째, 우리 가정이 하나님을 아버지로 모시고, 주님의 뜻을 따르는 가정이 되기를 기도합니다.
> 셋째, 하나님 나라가 경험되고, 자녀에게 신앙의 유산을 물려주는 가정이 되기를 기도합니다.
> 넷째, 유아세례를 받을 때 자녀와 부모에게 성령께서 임하여 주시기를 기도합니다.

 다음주 과제

1) 유아세례식에서 읽을 '자녀 축복 기도문'(60쪽)을 작성합니다.

유아세례 부모교육 수료증

제 호

부모님 성명:

(유아세례자　　　의 부/모)

위 사람은 유아세례자　　　의 부모로서

'유아세례 부모교육'의 모든 과정을

성실히 수료하였음을 증명합니다.

주후　　　년　월　일

교회

목사

제2부

유아세례를 기억하며

자녀 축복 기도문 _ 60

유아세례증서 _ 61

유아세례 기념사진 _ 62

유아세례 축하메시지 _ 64

믿음의 가훈 _ 66

유아세례에서 입교까지 _ 68
활용 안내 _ 68   유아세례 기억하고 기념하기 _ 70   입교 기념하기 _ 82

유아세례증서

제 호   이름 :

년   월   일생

(부)   (모)

위 어린이는   년   월   일

성부와 성자와 성령의 이름으로 세례를 받고

본 교회의 유아세례교인이 되었음을 증명합니다.

주후   년   월   일

교회

집례   목사

❈ 인생 말씀 ❈

※ 유아세례 기념사진 ※

❋ 유아세례 축하 메시지 ❋

1. 가훈을 정하는 과정에서 생각했던 것들과 그 의미를 기록해 주세요.

   · 참여자 : ....

   · 날짜 : ....

   · 장소 : ....

   · 의미 : ....

2. 가훈을 따라 살아갈 수 있는 구체적 실천 방안을 기록해 주세요.

   ....

   ....

   ....

유아세례에서 입교까지

매년 온 가족이 모여 유아세례 받은 날을 기억하고 기념하는 의식을 통하여 지난 한 해를 돌아보고, 감사와 다짐의 시간을 가집니다.

✟ 유아세례 기억하기

본『유아세례 다이어리』안에 있는 아래의 내용을 자녀와 함께 다시 보며, 유아세례의 은혜를 기억합니다.

> '자녀 축복 기도문' 읽어 보기 - 유아세례증서의 '인생 말씀' 읽기(암송하기) -
> '유아세례 기념사진' 보기 - '유아세례 축하 메시지' 읽기 - '믿음의 가훈' 마음에 새기기

유아세례 받은 날 기념하기

1. 해마다 '유아세례 동기 모임' 또는 가족들과 함께 '유아세례를 기념하는 시간'을 가진 후, '유아세례 기억하고 기념하기'에 우리 자녀가 지난 1년 동안 성장한 모습을 사진으로 붙여 보세요. 입교한 날은 '입교 기념하기'에 기록해요.

2. 한 해 동안 변화된 자녀의 모습 또는 자녀의 그림이나 글도 흔적으로 남겨 보세요.

3. 한 해를 돌아보며 하나님께 감사한 것을 적고, 믿음의 엄마, 아빠로서 자신을 돌아보며 자녀의 신앙 양육을 위한 새로운 결단과 결심도 적어 보세요.

유아세례 기억하고 기념하기

· 유아세례 받은 날:　　　년　　월　　일
· 기 록 날 짜 :　　　년　　월　　일(　세)

(사진 붙이는 곳)

자녀의 성장기록 및 자녀의 그림이나 글

부모로서 하나님께 드리는 감사와 다짐

유아세례 기억하고 기념하기

· 유아세례 받은 날: 년   월   일
· 기 록 날 짜: 년   월   일(세)

(사진 붙이는 곳)

자녀의 성장기록 및 자녀의 그림이나 글 ✏️

부모로서 하나님께 드리는 감사와 다짐 ✏️

유아세례 기억하고 기념하기

· 유아세례 받은 날: 년   월   일
· 기 록 날 짜: 년   월   일(세)

(사진 붙이는 곳)

자녀의 성장기록 및 자녀의 그림이나 글

부모로서 하나님께 드리는 감사와 다짐

유아세례 기억하고 기념하기

· 유아세례 받은 날: 년   월   일
· 기 록 날 짜: 년   월   일(세)

(사진 붙이는 곳)

자녀의 성장기록 및 자녀의 그림이나 글

부모로서 하나님께 드리는 감사와 다짐

유아세례 기억하고 기념하기

- 유아세례 받은 날: 년   월   일
- 기 록 날 짜: 년   월   일(세)

(사진 붙이는 곳)

자녀의 성장기록 및 자녀의 그림이나 글

부모로서 하나님께 드리는 감사와 다짐

유아세례 기억하고 기념하기

· 유아세례 받은 날:　　　년　　월　　일
· 기 록 날 짜:　　　년　　월　　일(　세)

(사진 붙이는 곳)

자녀의 성장기록 및 자녀의 그림이나 글

부모로서 하나님께 드리는 감사와 다짐

유아세례 기억하고 기념하기

· 유아세례 받은 날:　　　년　　월　　일
· 기　록　날　짜:　　　년　　월　　일(　세)

(사진 붙이는 곳)

자녀의 성장기록 및 자녀의 그림이나 글

부모로서 하나님께 드리는 감사와 다짐

유아세례 기억하고 기념하기

· 유아세례 받은 날:　　　년　　월　　일
· 기　록　날　짜:　　　년　　월　　일(　　세)

자녀의 성장기록 및 자녀의 그림이나 글 ✏️

(사진 붙이는 곳)

부모로서 하나님께 드리는 감사와 다짐 ✏️

유아세례 기억하고 기념하기

- 유아세례 받은 날: 년   월   일
- 기 록 날 짜: 년   월   일(세)

(사진 붙이는 곳)

자녀의 성장기록 및 자녀의 그림이나 글 ✏️

부모로서 하나님께 드리는 감사와 다짐 ✏️

유아세례 기억하고 기념하기

· 유아세례 받은 날:　　　년　　월　　일
· 기　록　날　짜:　　　년　　월　　일(　　세)

(사진 붙이는 곳)

자녀의 성장기록 및 자녀의 그림이나 글

부모로서 하나님께 드리는 감사와 다짐

유아세례 기억하고 기념하기

· 유아세례 받은 날: 년   월   일
· 기 록 날 짜: 년   월   일(세)

(사진 붙이는 곳)

자녀의 성장기록 및 자녀의 그림이나 글 ✏️

부모로서 하나님께 드리는 감사와 다짐 ✏️

유아세례 기억하고 기념하기

· 유아세례 받은 날:　　　년　　월　　일
· 기 록 날 짜:　　　년　　월　　일(　세)

(사진 붙이는 곳)

자녀의 성장기록 및 자녀의 그림이나 글

부모로서 하나님께 드리는 감사와 다짐

입교 기념하기

· 유아세례 받은 날: 년   월   일
· 입 교 한 날: 년   월   일

(사진 붙이는 곳)

자녀의 성장기록 및 자녀의 그림이나 글

부모로서 하나님께 드리는 감사와 다짐

부록

유아세례 부모문답의 예*

* 총회교육자원부 편, 『세례문답집』(개정판) (한국장로교출판사, 2023), 23-28쪽.

Ⅰ. 부모의 신앙 관련 문항

1. 성부 하나님은 세상을 창조하신 분이며, 성자 하나님은 우리를 구원하신 분이고, 성령 하나님은 우리와 함께하시고 도우시는 분임을 믿습니까?

    답 네. 믿습니다(창 1 : 1, 히 7 : 25, 롬 8 : 26).

    창 1 : 1 　태초에 하나님이 천지를 창조하시니라

    히 7 : 25 　그러므로 자기를 힘입어 하나님께 나아가는 자들을 온전히 구원하실 수 있으니 이는 그가 항상 살아 계셔서 그들을 위하여 간구하심이라

    롬 8 : 26 　이와 같이 성령도 우리의 연약함을 도우시나니 우리는 마땅히 기도할 바를 알지 못하나 오직 성령이 말할 수 없는 탄식으로 우리를 위하여 친히 간구하시느니라

2. 우리 죄를 대신해 십자가에서 죽으시고 부활하신 예수 그리스도를 유일한 구주로 고백합니까?

    답 네. 고백합니다(롬 4 : 25; 10 : 10).

    롬 4 : 25 　예수는 우리가 범죄한 것 때문에 내줌이 되고 또한 우리를 의롭다 하시기 위하여 살아나셨느니라

    롬 10 : 10 　사람이 마음으로 믿어 의에 이르고 입으로 시인하여 구원에 이르느니라

3. 여러분은 악한 사탄의 권세와 유혹을 거부합니까?

    답 네. 거부합니다(벧전 5 : 8, 마 6 : 13).

    벧전 5 : 8 　근신하라 깨어라 너희 대적 마귀가 우는 사자 같이 두루 다니며 삼킬 자를 찾나니

    마 6 : 13 　우리를 시험에 들게 하지 마시옵고 다만 악에서 구하시옵소서 (나라와 권세와 영광이 아버지께 영원히 있사옵나이다 아멘)

Ⅱ. 유아세례 관련 문항

1. 자녀에게 예수 그리스도의 피로 인한 죄 씻음과 구원의 은혜가 반드시 필요하다는 것을 인정합니까?

   답 네. 인정합니다(엡 1 : 7, 행 2 : 39, 마 19 : 14).

   엡 1 : 7   우리는 그리스도 안에서 그의 은혜의 풍성함을 따라 그의 피로 말미암아 속량 곧 죄 사함을 받았느니라

   행 2 : 39   이 약속은 너희와 너희 자녀와 모든 먼 데 사람 곧 주 우리 하나님이 얼마든지 부르시는 자들에게 하신 것이라 하고

   마 19 : 14   예수께서 이르시되 어린 아이들을 용납하고 내게 오는 것을 금하지 말라 천국이 이런 사람의 것이니라 하시고

2. 자녀가 세례를 받게 된 것은 하나님께서 먼저 이 아이를 은혜의 언약으로 부르셨기 때문이라고 믿습니까?

   답 네. 믿습니다(창 17 : 7, 시 22 : 10, 행 3 : 25).

   창 17 : 7   내가 내 언약을 나와 너 및 네 대대 후손 사이에 세워서 영원한 언약을 삼고 너와 네 후손의 하나님이 되리라

   시 22 : 10   내가 날 때부터 주께 맡긴 바 되었고 모태에서 나올 때부터 주는 나의 하나님이 되셨나이다

   행 3 : 25   너희는 선지자들의 자손이요 또 하나님이 너희 조상과 더불어 세우신 언약의 자손이라 아브라함에게 이르시기를 땅 위의 모든 족속이 너의 씨로 말미암아 복을 받으리라 하셨으니

3. 자녀가 세례를 통해 하나님의 언약 백성이 된다는 것을 믿습니까?

   답 네. 믿습니다(창 18 : 19, 갈 3 : 27).

   창 18 : 19   내가 그로 그 자식과 권속에게 명하여 여호와의 도를 지켜 의와 공도를 행하게 하려고 그를 택하였나니 이는 나 여호와가 아브라함에게 대하여 말한 일을 이루려 함이라

   갈 3 : 27   누구든지 그리스도와 합하기 위하여 세례를 받은 자는 그리스도로 옷 입었느니라

Ⅲ. 자녀 양육 관련 문항

1. 자녀는 나의 소유가 아님을 인정하고, 하나님을 대리하여 또한 하나님의 도움에 의지하여, 자녀 스스로 예수를 구주로 믿고 고백할 때까지 신앙으로 양육할 것을 약속합니까?

   답 네. 약속합니다(엡 6 : 4, 딤후 1 : 5).

   엡 6 : 4   또 아비들아 너희 자녀를 노엽게 하지 말고 오직 주의 교훈과 훈계로 양육하라

   딤후 1 : 5   이는 네 속에 거짓이 없는 믿음이 있음을 생각함이라 이 믿음은 먼저 네 외조모 로이스와 네 어머니 유니게 속에 있더니 네 속에도 있는 줄을 확신하노라

2. 자녀를 위해, 그리고 자녀와 함께 기도하겠습니까?

   답 네. 기도하겠습니다(살전 5 : 16-18, 행 10 : 2).

   살전 5 : 16-18   항상 기뻐하라 쉬지 말고 기도하라 범사에 감사하라 이것이 그리스도 예수 안에서 너희를 향하신 하나님의 뜻이니라

   행 10 : 2   그가 경건하여 온 집안과 더불어 하나님을 경외하며 백성을 많이 구제하고 하나님께 항상 기도하더니

3. 자녀와 함께 성경을 읽고, 성경으로부터 배우겠습니까?

   답 네. 배우겠습니다(딤후 3 : 14-17).

   딤후 3 : 14-17   그러나 너는 배우고 확신한 일에 거하라 너는 네가 누구에게서 배운 것을 알며 또 어려서부터 성경을 알았나니 성경은 능히 너로 하여금 그리스도 예수 안에 있는 믿음으로 말미암아 구원에 이르는 지혜가 있게 하느니라 모든 성경은 하나님의 감동으로 된 것으로 교훈과 책망과 바르게 함과 의로 교육하기에 유익하니 이는 하나님의 사람으로 온전하게 하며 모든 선한 일을 행할 능력을 갖추게 하려 함이라

4. 자녀에게 경건한 삶을 통해 본을 보이는 부모가 되도록 애쓰겠습니까?

   답 네. 애쓰겠습니다(딤전 4 : 7, 벧전 5 : 3, 고전 11 : 1).

   딤전 4 : 7   망령되고 허탄한 신화를 버리고 경건에 이르도록 네 자신을 연단하라

벧전 5 : 3   맡은 자들에게 주장하는 자세를 하지 말고 양 무리의 본이 되라

고전 11 : 1   내가 그리스도를 본받는 자가 된 것 같이 너희는 나를 본받는 자가 되라

Ⅳ. 회중에게 질문 문항

1. 하나님 나라 백성인 여러분도 성도 공동체 안에서 이 아이들에 대한 양육의 책임이 있음을 인정하고, 이들을 사랑으로 받아들이고, 기도하고, 돌보고, 격려하기로 약속합니까?

    답 네. 약속합니다(신 6 : 6-9).

    신 6 : 6-9   오늘 내가 네게 명하는 이 말씀을 너는 마음에 새기고 네 자녀에게 부지런히 가르치며 집에 앉았을 때에든지 길을 갈 때에든지 누워 있을 때에든지 일어날 때에든지 이 말씀을 강론할 것이며 너는 또 그것을 네 손목에 매어 기호를 삼으며 네 미간에 붙여 표로 삼고 또 네 집 문설주와 바깥 문에 기록할지니라

* 3~6살의 유아들에게는 간단한 유아세례 교육을 실시하지만, 세례 시 공적 문답을 실시하지 않는다. 공적 문답은 입교 시에 진행한다.

여호와께서 그대에게 복을 내리셔서,
그대를 지켜 주시기 바랍니다.
여호와께서 그 얼굴빛을 그대에게 비추셔서,
그대를 불쌍히 여겨 주시기 바랍니다.
여호와께서 그 얼굴을 그대에게로 드셔서,
그대에게 평화를 주시기 바랍니다.

(민 6:24-26, 새한글성경)